www.ingramcontent.com/pod-product-compliance
Lightning Source LLC
LaVergne TN
LVHW081543060526
838200LV00048B/2183
* 9 7 8 1 0 8 7 8 0 6 5 7 0 *